Al cómplice de todas mis locas aventuras…

Martha Beatriz Álvarez Cáceres.
Primera Edición.
Nicaragua, 2018

Reservados los derechos. No se permite reproducir, almacenar en sistemas de recuperación de la información ni transmitir alguna parte de esta publicación, cualquiera que sea el medio empleado electrónico, mecánico, fotocopia, grabación, etc., sin el permiso previo de los titulares de los derechos de propiedad

Contenido

PRESENTACIÓN. 8

Capítulo 1 - Comunicación… ¿Para qué?.............................11

¿Qué es la comunicación?...13

¿Para qué necesito un plan de Comunicación?..............14

¿Qué vamos a comunicar?...17

Idealmente, ¿En qué lugar del organigrama institucional debería ser incluida el área de comunicación? 18

Capítulo 2: El Plan de Comunicación. 19

Capítulo 3: El diagnóstico Institucional:................................21

Descripción de la Organización: 22

Slogan: 22

Misión: 22

Visión: 23

Valores: 23

Análisis FODA:...23

Capítulo 4: Objetivos de Comunicación. 28

Objetivos SMART: 29

Capítulo 5: Público Meta. 31

¿A qué nos referimos cuando hablamos de Público Meta?...32

Información demográfica:..32

Metas y valores: 33

Retos, temores y problemas: 33

Fuentes de información:..34

Proceso de decisión de compra y objeciones: 34

Capítulo 7: Tono de Voz en la Comunicación. 36
    ¿Qué es el tono de voz en Comunicación? 36
    1. Tus valores 37
    2. Toma en cuenta a tu público meta 37
    3. Define la personalidad de tu organización 38
    4. Define el trato que le darás a tu público meta: 38
Capítulo 6: Mensaje que se quiere transmitir 40
    ¿Qué mensaje quiero transmitir? 40
Capítulo 8: Estrategias de comunicación 42
    Captar la atención de cada uno de los integrantes de tus grupos meta 42
    Motivarlos a que conozcan más de tu trabajo: 43
    Que se sientan identificados con tu misión y visión del mundo 44
    Ganarte su confianza. 44
    Que te apoyen activamente. 44
    Que te sigan apoyando a lo largo de los años. 45
    Observaciones finales: 45
Capítulo 9: Canales de Comunicación: 46
Capítulo 10: medios de Comunicación. 48
    ¿Cómo elegir el medio de comunicación indicado para mi institución? 48
    La situación Geográfica de nuestro público meta: 48
    El Público meta: 48
    El mensaje que vamos a divulgar. 48
    El tiempo que le podamos dedicar a ello. 49
    La característica propia del medio 49

el presupuesto con el que contemos. 50
Medios impresos: 50
Medios audiovisuales: 50
Medios digitales: 50
Por último, no olvides… 50

Capítulo 11: ¿Cómo definir las herramientas que vamos a utilizar para la comunicación? 52

Capítulo 12: Acciones que se van a realizar: 55

Capítulo 13: Evaluación de Resultados: 57

Objetivos: 58
Resultados esperados (La parte cuantitativa): 58
Impacto Alcanzado: 59
Indicadores: 61
Fuentes de Verificación: 62
Supuestos: 63

Capítulo 14: Calendario de Actividades: 65

Objetivo / Resultado Esperado: 65
Actividad (Acciones) 66
Período de Ejecución: 67
Recursos: 69
Observaciones / Responsable: 69

Capítulo 15: Presupuesto: 71

Algunos puntos básicos que deberíamos incluir en nuestro presupuesto son: 71

Capítulo 16: El Plan Operativo Anual – POA. 74

Epílogo: 75

Glosario: 77

Bibliografía: 82
ANEXOS 86
    Anexo 1: Listado de Herramientas de Comunicación. 87
    Anexo 2: Listado de Acciones de Comunicación. 102
        Organización Interna: 102
        Preparación: 104
        Divulgación: 105
        Monitoreo y Evaluación 106
    Anexo 3: Plan Operativo Anual – POA. 108
La Autora. 109

PRESENTACIÓN.

La comunicación es sin lugar a duda la característica más definitoria del ser Humano y aunque los demás seres vivos pueden tener la capacidad de comunicarse entre sí, es el ser humano el que le ha dado a la ciencia de la comunicación, el alto grado de sofisticación que ahora la distingue.

La importancia de la comunicación ha llegado a ser tanta que los seres humanos no pueden vivir plenamente si no están suficientemente comunicados con el mundo que les rodea y mucho más, de ahí que la radio, la televisión y últimamente las redes sociales, sean parte vital de la sociedad en la que nos desarrollamos.

Sin embargo, parece ser que la mayoría de las ONGs del sur, no han comprendido el papel que la comunicación representa en su vida institucional y por eso no le dan la suficiente importancia, sin darse cuenta de las oportunidades que se están perdiendo por no dedicarle suficiente interés al tema de la comunicación, tanto interna como externa y no le aplican el presupuesto necesario, dando por resultado una comunicación ineficiente, que no aprovecha las múltiples oportunidades que le ofrece la tecnología de punta.

La autora del manual que tiene ahora en sus manos, se formó en una ONG que habiendo iniciado sus actividades sin contar con fondos ni personal para su ejecución ha llegado a ser la institución de mayor prestigio en la región norte de Nicaragua, y que ha implementado los proyectos más diversos, instituyendo programas de salud comunitaria, saneamiento ambiental, salud sexual y reproductiva, viviendas, producción agropecuaria ecológica sostenible, defensoría de los derechos humanos, educación alternativa, atención a la niñez y adolescencia en situación de riesgo y emprendedurismo juvenil.

Todo esto porque su directora Gladys Cáceres Leyva, (ganadora del premio internacional a la creatividad de la mujer en el Medio Rural 1997) tenía tanta seguridad en las ventajas de la comunicación y de las oportunidades que brindan las nuevas tecnologías, que dedicaba la mayor parte de su tiempo, incluso en altas horas de la noche, a comunicarse con las contrapartes en Europa y Norteamérica, a estar diariamente en contacto con el personal de la institución y con las familias beneficiarias de sus proyectos.

Gracias a la comunicación la ONG en cuestión contó con la cooperación de personal voluntario local y extranjero, el financiamiento de diputaciones, ayuntamientos e instituciones extranjeras y contrapartes de prestigio, como ONGs, Universidades y organismos de Solidaridad.

Respirando en ese ambiente, Marta Beatriz ha dedicado sus esfuerzos al perfeccionamiento de sus técnicas de comunicación, llegando a capacitarse en Nicaragua, Canadá, Italia, Francia y España.

El Manual que ahora nos ofrece la autora, puede ser una utilísima herramienta de consulta para quienes quieren ingresar al sofisticado mundo de la comunicación cibernética y gozar de sus beneficios, especialmente las ONGs que, con su ayuda, podrán comprender que quien no se comunica con su equipo, su voluntariado, sus beneficiarios sus contrapartes y sus financiadores, no tendrá la posibilidad de alcanzar todas las metas que se propone.

Luis Alberto Álvarez

Capítulo 1 - Comunicación... ¿Para qué?

Aunque parezca mentira la comunicación, aún en estos tiempos HIPER comunicados sigue siendo una materia pendiente para muchas ONGs del Sur... pues siguen pensando que basta y sobra con hacer las actividades planificadas y que no es importante publicitarlas... pero ese es un error que puede costar caro a organizaciones como la tuya, pues en el mundo actual, uno debe ser como las gallinas *"poner el huevo y anunciarle al mundo que lo ha puesto"*, sólo de esa manera podrá mantener el interés de sus donantes, de los y las voluntarias, de las comunidades con las que trabajas, pero sobre todo de los potenciales donantes y voluntarios que aún no han escuchado de tu institución. No te cierres las puertas sólo por no saber comunicar tu quehacer... y no estamos hablando solamente de comunicación hacia el exterior, de hecho, tu prioridad debe ser tu equipo de trabajo, ya que sus miembros son los encargados de dar vida a la visión, misión y valores de tu organización, si ellos no están al tanto de ello, no creen en ello y no trabajan por conseguirlo, ¿Qué podemos esperar de la gente que aún no nos conoce?

Si tu organización no comunica lo que hace, los donantes podrían dejar de apoyarla y las comunidades estar menos interesadas en trabajar con ustedes, el equipo de la organización no tendrá metas compartidas y posiblemente no sienta el orgullo que debería sentir por el trabajo que hace, perdiendo de esta manera, a la larga, la oportunidad de promover los valores y las causas por las cuales lucha tu organismo.

¿Perderás la oportunidad de crecer y hacer un mejor trabajo por no tener un plan de comunicación para tu organización?, la buena noticia es que no es difícil, pero sí requiere empeño y dedicación... ¿Estamos preparados para empezar?

Empecemos por lo principal,

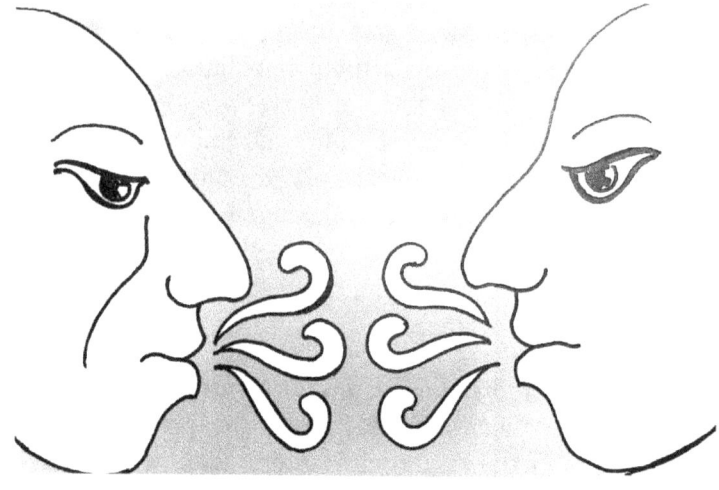

¿Qué es la comunicación?

Es la actividad de intercambiar información entre dos o más participantes, con el fin de transmitir y recibir información a través de un sistema compartido de signos… por lo que, todos los seres vivos de una o de otra forma nos comunicamos…

Cuando hablamos de comunicación para organizaciones, por ende, nos referimos a la posibilidad de contar lo que hacemos a quienes nos puedan ayudar a hacerlo, o que están interesados en nuestro quehacer

Una vez que decidamos empezar con nuestra estrategia de comunicación, debemos estar preparados para escuchar activamente lo que nuestros públicos meta (personal propio, donantes, voluntarios, beneficiarios, etc.) nos están diciendo y de esa manera mejorar. Después de todo, la comunicación es un proceso de dos o más partes, esto es sobre todo importante cuando quien quiere comunicarse contigo viene de un ambiente distinto al tuyo… si lo haces bien, las diferencias sólo podrán enriquecer tu trabajo como comunicador o comunicadora.

Recuerda escuchar activamente lo que los demás tienen que decirte, dar retroalimentación a quien te habla, y sobre todo estar dispuesto a reconocer si te has equivocado, ¡Si eres capaz de hacer eso, vamos por buen camino!

¿Para qué necesito un plan de Comunicación?

El ser humano desde siempre y para siempre tendrá la necesidad de comunicarse con los demás, pues somos seres sociales, y como parte de la sociedad, es imperativo comunicarnos con nuestros semejantes… y de manera general, los componentes del ciclo de la comunicación no han cambiado a lo largo de los siglos, y digo, de manera general, porque si analizamos más de cerca, los canales de la comunicación si han evolucionado.

Antes, para comunicar lo que hacíamos solíamos utilizar anuncios en la televisión o en la radio, medios impresos (banners, posters, revistas, rótulos, mantas, etc.), por no dejar atrás las tradicionales camisetas, gorras y demás artículos promocionales…

A partir del boom del internet han nacido las redes sociales, lo que nos permite estar comunicados con todo el mundo las 24 horas del día, pero, sobre todo, en el caso de las ONGs, nos permite comunicar en tiempo real lo que estamos haciendo, y lo mejor de todo, es ¡gratis!

Sin embargo, para que nuestras publicaciones sean efectivas debemos:

1. Elegir la red social correcta:
2. Adaptar nuestras publicaciones a cada red social, pues cada red tiene su frecuencia, horarios y códigos….

Acá, debemos tener en cuenta…

- La frecuencia de las publicaciones
- El horario en que las publiquemos
- Códigos: Como ya decíamos, cada red social tiene un lenguaje propio, y si quieres tener éxito en esa red, debes tomarlo en cuenta al realizar tus publicaciones.

3. Variar el contenido de nuestras publicaciones… ahora (exceptuando a Youtube), las redes sociales permiten diversos formatos en los que publicar lo que queremos, no te quedes sólo con el texto…

En resumen… podríamos decir que las posibilidades son infinitas y al alcance de la mano si deseas dar a conocer al mundo tus actividades, es sólo cuestión de dejar libre tu imaginación y creatividad.

¿Qué vamos a comunicar?

Y aquí viene la pregunta principal… ¿Qué queremos comunicar? la respuesta depende, sobre todo, de la imagen que queramos dar: de quiénes somos y de lo que hacemos, a eso se le llama "Marca e identidad Corporativa", y para saber eso, lo primero que debemos hacer es conocernos a nosotros mismos, quienes somos, nuestros valores, pero, sobre todo, lo que queremos lograr y para ello necesitamos elaborar nuestro plan de comunicación.

Idealmente, ¿En qué lugar del organigrama institucional debería ser incluida el área de comunicación?

Por experiencia personal, yo recomendaría que el área de comunicación esté directamente bajo la autoridad de la dirección, de la organización y como su apoyo directo, con la suficiente autoridad para solicitar información y participar en las diversas reuniones de planificación de actividades que se den.

Capítulo 2: El Plan de Comunicación.

El plan de comunicación es un documento que recoge las políticas, estrategias, recursos, objetivos y acciones de comunicación que se propone realizar una organización, tanto internas como externas.

Contar con un plan ayuda a organizar los procesos de comunicación y guía el trabajo comunicativo.

Para elaborarlo, debemos completar los siguientes puntos:

1. Descripción de la Organización
   - Eslogan
   - Misión
   - Visión
   - Valores
2. Objetivos de la Comunicación
3. Público meta
4. Mensaje que se quiere transmitir
5. Estrategias de comunicación
6. Canales de Comunicación
7. Medios de Comunicación
8. Acciones que se van a realizar
9. Evaluación de Resultados
10. Calendario de Actividades
11. Plan de seguimiento y evaluación
12. Presupuesto

Y aunque no es oficialmente parte del plan de comunicación vamos a elaborar el Plan Operativo Anual del área de Comunicación, este será el documento que usaremos en nuestro día a día comunicando.

¿Listo para empezar?

Capítulo 3: El diagnóstico Institucional:

Cuando nos enfermamos y vamos al doctor, este, antes de darnos medicamento, realiza un diagnóstico de lo que padecemos, justo eso es lo que debemos hacer antes de empezar con nuestro plan de comunicación, pues es en base a eso que debemos trabajar.

En este diagnóstico debemos plantear la situación actual de nuestra organización, y todos esos detalles que podrían ser de importancia para el correcto funcionamiento del área de Comunicación.

¿Qué debemos incluir en el Diagnóstico?

Descripción de la Organización:

Esto se dividirá en dos partes, en la primera se puede hablar sobre la historia de la institución, los proyectos y algunos hitos importantes que se han vivido en la Organización.

Procura que este punto no sea mayor a 1/2 página.
En la segunda parte (que no pase de 1 página) se debe incluir la siguiente información:
- Naturaleza de su Institución.
- Naturaleza de su trabajo.
- Fecha de fundación.
- Documentación legal (esto lo puedes poner como anexo)
- Lugares de Incidencia.

Slogan:

En una frase, no mayor a una línea de texto, trata de sintetizar el quehacer de tu institución. Es necesario que sea pequeña para que sea fácil de memorizar por nuestros empleados, beneficiarios / contrapartes y donantes.

Misión:

En pocas palabras, debes definir su propósito u objetivos, actividades y manera en que funciona su organización.

Visión:

Acá debes escribir las metas y objetivos de tu institución en un futuro no mayor de 5 años. La visión debe inspirarnos para ser mejores, así que no lo pongas tan fácil.

Recuerda, que el eslogan, la misión y la visión de tu institución deben, ser asimiladas y comprendidas por el personal, así que procura que sean fáciles de recordar y de entender. Utiliza lenguaje sencillo y pocas palabras.

Valores:

Así como las personas tienen valores, las instituciones también los deben de tener, pues son estos los que guiarán nuestro actuar y servirán para reafirmar y expresar nuestra identidad y misión institucional.

Se pueden tener varios valores, pero mi recomendación es no pasar de tres.

Análisis FODA:

Una de las herramientas más poderosas con las que contamos a la hora de realizar el diagnóstico de nuestra institución es el FODA, y con esta herramienta podremos medir las cosas que nos pueden ayudar a triunfar, pero también, nos ayuda a definir estrategias para mitigar las amenazas a las que nos podemos enfrentar....

Pero... ¿qué significa FODA?

F – FORTALEZAS: Consideramos una fortaleza aquello que nosotros ya poseemos y que nos va a ayudar a definir y poner en práctica nuestra estrategia de comunicación, son las cosas que dependen de nosotros.

Podría ser, por ejemplo:

A nivel de recursos con los que se cuenta: que ya tienen una página de Facebook, o que tienen una computadora y conexión a internet para realizar sus publicaciones…

Y a nivel de capacidad, que tienes conocimientos sobre diseño gráfico, o que tomas muy buenas fotografías… así como todas las capacitaciones recibidas en el tema.

O – OPORTUNIDADES: Consideramos una oportunidad a todos los elementos de nuestro entorno que pueden ayudarnos a tener éxito con nuestra organización, y NO están en dependencia de nosotros, las podemos aprovechar para nuestro beneficio, pero van a estar ahí queramos o no queramos.

Podemos contar entre las oportunidades que tenemos, la presencia de organismos e instituciones que apoyan la capacitación y especialización de las organizaciones no gubernamentales, los cursos gratuitos que podemos encontrar en internet, etc.

Las oportunidades son variadas y depende de nuestra capacidad, reconocerlas y aprovecharlas para crecer…

D – DEBILIDADES: Son los factores negativos que nos dificultarán avanzar, y alcanzar las metas que nos hemos propuesto… y al igual que las Fortalezas, estas dependen de nosotros, por lo tanto, está en nuestras manos el neutralizarlas.

Un ejemplo de debilidad podría ser: Falta de conocimiento en redes sociales, o que no sabemos cómo realizar un plan de marketing

Y, por último,

A – AMENAZAS: Son aquellos factores de nuestro entorno sobre las que difícilmente podemos incidir y cuyo impacto sólo podemos mitigar o minimizar y que de no hacerlo no vamos a poder cumplir con nuestros objetivos para con la organización, por ejemplo, El clima adverso, las políticas públicas, la economía mundial, la competencia desleal, los impuestos, etc.

Algo que puede servirte para la reflexión es que las Fortalezas y debilidades dependen de nosotros mismos, es lo que tenemos, pero las amenazas y oportunidades son aquellas que existe o podrían existir en un futuro próximo y que no dependen de nosotros.

Toda esa información la utilizaremos para llenar el siguiente cuadro:

Fortalezas	Oportunidades
• Coloca aquí todas sus fortalezas.	• Coloca aquí todas sus debilidades.
Debilidades	**Amenazas**
• Coloca aquí todas sus oportunidades.	• Coloca aquí todas sus potenciales amenazas.

Una vez definido nuestro FODA, ya tenemos un mapa de nuestras fortalezas y debilidades, información que nos ayudará a diseñar las estrategias que nos permitirán sacar el máximo provecho de nuestros recursos y disminuir el riesgo de fracasar…. Recuerden que estas estrategias deben permitirnos maximizar nuestras fortalezas y oportunidades y minimizar o neutralizar las debilidades y amenazas.

La Estrategia...

Una buena estrategia debe tomar en cuenta nuestras fortalezas y oportunidades para contrarrestar los efectos de las debilidades y amenazas a nuestra institución.

Para definir las estrategias, utilizaremos el cuadro original para completar el siguiente cuadro:

	FORTALEZAS	DEBILIDADES
	• Coloca aquí todas sus fortalezas.	• Coloca aquí todas sus debilidades.
OPORTUNIDADES: • Coloca aquí todas las oportunidades.	¿Qué acciones podemos realizar para aprovechar las oportunidades que se presenten y explotar nuestras fortalezas en nuestro beneficio?	¿Cómo las oportunidades que se nos presentan pueden ayudarnos a superar nuestras debilidades?
AMENAZAS: • Coloca aquí todas sus potenciales amenazas.	¿Cómo pueden nuestras fortalezas ayudarnos a evitar que las amenazas a nuestra organización se lleguen a dar?	¿Qué nos hace falta para superar nuestras debilidades y sortear las amenazas?

Capítulo 4: Objetivos de Comunicación.

"Ningún viento es favorable para quién no sabe adónde va"

– Séneca –

Como bien lo dijo Séneca, si no sabemos adónde queremos llegar, lo más probable es que nunca lleguemos, y que no podamos aprovechar las oportunidades que aparezcan, y eso es algo que no podemos permitirnos, ¿o sí?

Uno de los primeros pasos que daremos, después de definir nuestra misión y nuestra visión es definir nuestros objetivos, pues estos son los que nos dicen qué queremos alcanzar, en función de plazo, costos y calidad, y para que los objetivos nos sean útiles en esa misión, estos deben ser:

Específicos – Medibles – Alcanzables – Realistas – Definidos en el tiempo.

En este sentido, Gladys Cáceres, (q.e.p.d[1]) directora del INPRHU – Somoto, manifestaba que *"El objetivo de la comunicación será el de trazar un camino hacia el horizonte".*

---

[1] Q.e.p.d.: Que en paz descanse.

Objetivos SMART:

A la hora de trabajar los objetivos de nuestro plan de comunicación, podemos definir un objetivo general y hasta tres objetivos específicos (esto nos obligará a priorizar sólo los objetivos realmente importantes para nosotros).

Empezaremos redactando nuestro objetivo general, este objetivo puede ser a mediano o largo plazo, aunque yo recomiendo, que, al inicio, establezcamos objetivos de corto o mediano plazo, que nos permitan ir evaluando periódicamente los resultados alcanzados y la disponibilidad económica con la que contamos para cumplirlos.

El objetivo General es, en pocas palabras, lo que necesitamos en el área de comunicación de nuestra organización… Un ejemplo de un Objetivo General podría ser:

Al 2020, Nuestra institución (ponga el nombre de su institución), dispondrá de una plataforma de comunicación que le permita comunicar en tiempo real y de manera precisa las actividades que realiza, tanto al equipo de trabajo, como a los donantes y a los beneficiarios, incentivando de esta manera el compromiso por un mundo más justo.

Ya que tenemos el Objetivo General redactado, lo utilizaremos para redactar nuestros objetivos específicos, son estos los que nos van a ayudar a conseguir el objetivo general de nuestro plan de comunicación, por lo tanto, es necesario que estos, al igual que la visión sean realistas, pero ambiciosos y alcanzables.

Podemos, por ejemplo, definir nuestros objetivos específicos de la siguiente manera:

- En el 2019 vamos a actualizar y darle mantenimiento a nuestra página web.
- En el 2019 haremos al menos una publicación al día en nuestras redes sociales.
- En el último semestre del 2019 realizaremos una campaña de recaudación de fondos a favor de uno de nuestros proyectos.

Capítulo 5: Público Meta.

Ya hemos visto cómo está nuestra organización en este momento en lo relativo a la Comunicación, ahora elaboraremos el perfil de nuestro Público Meta:

Pero…

¿A qué nos referimos cuando hablamos de Público Meta?

Nuestro público meta es una representación semi-ficticia de nuestro consumidor final (o potencial) construida a partir de su información demográfica, comportamiento, necesidades y motivaciones. Al final, se trata de ponernos aún más en los zapatos de nuestro público meta para entender qué necesitan de nosotros.

Dicho de otra manera, es a quienes van dirigidos nuestros servicios… y hago la aclaración que puedes tener más que un Público meta, en dependencia de los servicios que se presten, por ejemplo: niños y niñas en situación de riesgo, madres embarazadas y lactantes, lisiados de guerra etc.

¿Listos para Empezar?

Para elaborar el perfil de nuestro público Meta, seguiremos los siguientes 5 pasos:

Información demográfica:

Analice el tipo de personas que usualmente utilizan nuestros servicios… Por ejemplo, si en nuestra organización trabajamos con voluntarios, debemos preguntarnos… ¿Qué tipo de voluntarios tenemos?, ¿Qué tipo de voluntarios nos interesa recibir?, la respuesta podría ser jóvenes que se toman un año sabático antes de empezar una carrera universitaria, o profesionales que ponen al servicio de nuestra institución sus conocimientos… La forma de trabajo que se desprende de esta información difiere en dependencia del análisis demográfico que realicemos.

Metas y valores:

Escribe los objetivos y valores del Público Meta y que son relevantes para su organización (creencias, percepciones, actitudes). Esta información la usarás para impulsar la creación de nuevos proyectos o servicios, y el tipo de información que brindemos a través de los medios sociales, etc.

Nuestra Organización cuenta con valores y los transmite, nuestro Público Meta, deberían compartir esos valores, y hacerlos suyos, si no es así debemos, o, pensar nuevamente en el tipo de público al que queremos llegar, o, por otro lado, reformular mejor los valores institucionales.

Retos, temores y problemas:

¿Qué problemas enfrenta tu público objetivo en este momento? Piensa en su trabajo / entorno social, apariencia o salud. Nuestro trabajo, al brindar servicios es solucionar los problemas y / o retos que enfrentan los integrantes de nuestro público meta y trabajar junto a ellos para tratar de superarlos.

Fuentes de información:

Encuentra las cosas a las que esas personas se sienten atraídas o consideran importantes para su vida, pero que nadie más las encontraría. Esto determinará los mejores lugares para publicitar y las opciones de intereses que usarás para llegar a ellos.

¿Por qué es importante?, porque nos permite gastar sabiamente los recursos con los que contamos, definiendo de antemano los lugares y herramientas que utilizaremos para publicitarnos.

Proceso de decisión de compra y objeciones:

¿Cómo su público meta toma una decisión de aprovechar los beneficios que le ofrece x o y organización? ¿Qué lo mueve a interesarse en organizaciones como la nuestra? ¿Por qué razones elegiría su público meta NO beneficiarse con los aportes de tu organización?

Muchas veces la decisión de aprovechar o no los beneficios que ofrece una organización, no sólo se debe al proyecto en sí mismo, sino también a la percepción que ellos tienen de nuestra organización (o a la percepción de nuestra competencia), por ejemplo, pueden juzgar que una organización más pequeña aprovechará mejor la ayuda que puedan brindar o que una organización mayor les garantizará una mejor administración de sus recursos.… acá se deben tomar en cuenta todas esas variables para optimizar el trabajo de tu organización.

Al completar estos 5 pasos ya tendremos el perfil de nuestro Público Meta, sin embargo, recuerda, que hay distintos tipos de públicos, así que tendrás que trabajar más de un perfil, en el caso de una Organización sin fines de lucro su público meta podrían ser:

- Contrapartes
- Donantes
- Beneficiarios
- Medios de Comunicación
- Voluntarios
- Trabajadores
- Autoridades

Por mencionar algunos.

Capítulo 7: Tono de Voz en la Comunicación.

En este capítulo hablaremos del Tono de Voz en nuestro plan de comunicación, para con nuestro público meta, pues recuerda que tan importante como tener que decir es la manera en la que lo decimos, razón por la cual, una buena elección del tono puede marcar la diferencia entre una buena y una mala comunicación.

¿Qué es el tono de voz en Comunicación?

El tono comunicacional implica una gran variedad de aspectos, entre los que se encuentran la personalidad, el lenguaje y el tipo de frases que se utiliza. Dicho de otra manera, cuando hablamos del tono de voz, nos referimos a la manera en que nos vamos a comunicar con nuestro Publico Meta.

Habiendo aclarado esto, hay 4 cosas que debes tomar en cuenta a la hora de definir el tono de voz que utilizarás para comunicarte con tu público meta:

1. Tus valores

Esto es lo principal, pues son precisamente los valores de tu organización los que le darán la personalidad a tu marca, y definirán las prioridades de lo que se va a comunicar, por ejemplo: Si tus valores son: La diversidad y seriedad en el trabajo, entonces publicar chistes machistas, racistas, y demás "istas" va contra tus valores, y por ende no lo deberías hacer, o si luchas por la protección animal, publicar fotos de animales muertos (a menos que sean a modo de denuncia) no debería estar dentro de las publicaciones que realices.

2. Toma en cuenta a tu público meta

No es lo mismo hablar con un público meta que con otro, por lo que la forma en que te vas a comunicar varía según el público meta al que te dirijas, al igual que en tu vida diaria, tienes distintos modos de comunicarte de acuerdo a la persona con la que hablas (ya sea con tu jefe, con tus papás, con tu pareja, con un niño, y… hasta con tu perro), lo mismo sucede con tu organización.

Por ejemplo, durante muchos años trabajé con jóvenes campesinos indígenas, y la forma en la que escribo (procurando no usar palabras demasiado técnicas, escribiendo lo más sencillo posible, usando muchos medios audiovisuales y tratando de explicar punto por punto los temas tratados) la aprendí durante todos esos años, sin embargo, ahora que trato de trabajar con profesionales de la comunicación, debo cambiar la forma en que me comunico a uno más conciso, más serio, pero sin que eso signifique que tenga un tono de voz estirado.

Toma en cuenta que mientras mejor esté diseñado el perfil de tu Público meta, más acertada será la forma en que te comuniques con él.

3. Define la personalidad de tu organización

A los seres humanos nos gusta comunicarnos con otras personas, no con organizaciones sin alma o personalidad, por esa razón, lo más conveniente es entablar una comunicación recíproca con el público meta, dotando a tu organización de una personalidad.

Ponle un nombre, y una historia (puedes utilizar el mismo perfil que utilizamos para definir al público meta), el siguiente gráfico te puede ayudar.

4. Define el trato que le darás a tu público meta:

¿Les hablarás de tú o de usted?, ¿Qué tipo de lenguaje vas a utilizar?, ¿Vas a utilizar una forma de hablar específica de una parte de su país, o vas a usar una forma de hablar más estándar?

Siempre es útil hacerse las siguientes preguntas:

Si mi organización fuera una persona…

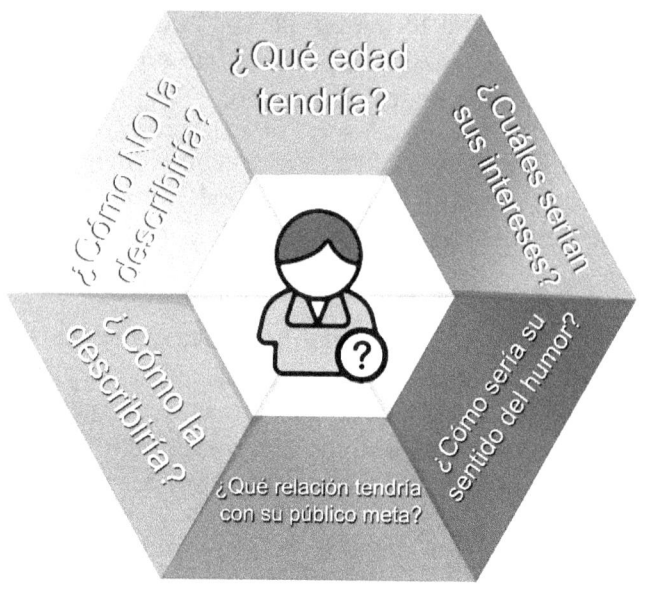

Capítulo 6: Mensaje que se quiere transmitir

Después de tanto trabajo llegó la hora de definir nuestro mensaje, Si has seguido los puntos anteriores se te hará más fácil.

La gran pregunta con la que vamos a empezar es…

¿Qué mensaje quiero transmitir?
Como dice Daniela Giampetri, en su blog

"El Mensaje es la huella emocional que dejas en tu audiencia"

Es precisamente a eso a lo que debemos aspirar, a que nuestro mensaje haga sentir identificado a nuestro público meta y lo comprometa a apoyar nuestra visión de cómo hacer del mundo un lugar mejor, para lograr eso, tu mensaje debería satisfacer las necesidades de tu público meta y además contener tu propuesta de solución para satisfacer esa necesidad.

Así que, en resumen, necesitarás tres cosas para poder definir el mensaje:

1. Tus valores como institución.
2. Los objetivos que buscas con tu política de comunicación y el más importante…
3. El perfil de tu público meta.

Con estas tres cosas en mano podrás llenar el siguiente cuadro.

Partiremos del hecho de que una Organización cuenta con los siguientes "Públicos Meta"

- Contrapartes.
- Donantes.
- Beneficiarios.
- Medios de Comunicación.
- Voluntarios.
- Trabajadores.
- Autoridades

Cada uno de ellos recibirá mensajes distintos, aunque por supuesto, no contradictorios…

Capítulo 8: Estrategias de comunicación

Para definir tus estrategias de comunicación debes contestar dos preguntas básicas:

1. ¿Cómo vas a comunicar tu mensaje?
2. ¿Cómo vas a hacer llegar este mensaje a tu público objetivo?

Toda estrategia de comunicación pasa por cada una de las siguientes fases:

Captar la atención de cada uno de los integrantes de tus grupos meta

De manera general podrías intentar:

a. Publicar fotografías de las actividades de tus proyectos y compartirlas en tus redes sociales.
b. Publicar tus investigaciones y sistematizaciones y distribuirlas.
c. Contar las historias de éxito de tu organización.
d. Publicar en periódicos locales o nacionales experiencias exitosas de tu organización.
e. Sacar una revista institucional.
f. Distribuir el boletín de tu organización.
g. Pedirles a tus voluntarios que escriban contando sus experiencias trabajando contigo.

h. Tener un blog, o una sección de tu blog dedicado al trabajo voluntario en tu organización.
i. Participar en ferias, seminarios y talleres dónde puedes hacer Networking.

Motivarlos a que conozcan más de tu trabajo:
a. Invitarlos a que visiten tu página web.
b. Divulgar entrevistas realizadas sobre tu trabajo.
c. Dar ideas de cómo, con su apoyo, pueden ayudarte a cambiar el mundo.
d. Dale visibilidad a mujeres, jóvenes y niños.
e. Publicar testimonios de voluntarios y beneficiarios.

En este acápite debes también tomar en cuenta estrategias para motivar a tus trabajadores para que den su mejor esfuerzo por ser la organización líder en el ramo.

Para ello podrías:

f. Ofrecer oportunidades de capacitación constante.
g. Talleres de Retroalimentación.
h. Oportunidades de crecimiento personal.
i. Compartir entre todos los trabajadores los éxitos logrados y pedirles que nos ayuden a construir los planes de futuro.

Que se sientan identificados con tu misión y visión del mundo.

    j. Básicamente debes presentar la situación / problema que estás tratando de resolver, lo que estás haciendo para resolverlo y en qué pueden ayudar… Procura presentar la cara de tus beneficiarios, que miren la razón por la que buscas hacer de este mundo un lugar mejor.

    k. Realiza vídeos de tus proyectos… (Te recomiendo que mires el tráiler del vídeo Nicaragua Dreams de la Asociación Fabretto.)

    l. Realiza campañas de sensibilización (en el mundo real y en el virtual).

Ganarte su confianza.

    m. La memoria institucional puede ser de ayuda, pero sólo si eres claro y honesto en los datos que presentes.

    n. Auditorías.

    o. Pruebas audiovisuales de tu quehacer.

Que te apoyen activamente.

    p. Creando llamadas a la acción en las redes sociales

    q. Realizando campañas de recaudación de fondos que involucren a todos tus públicos meta.

r. Compartiendo iniciativas innovadoras para apoyar directamente a las comunidades con las que trabajas.

Que te sigan apoyando a lo largo de los años.
s. Informes anuales y semestrales.
t. Memoria Institucional.
u. Actividades públicas.
v. Cartas de agradecimiento.
w. Divulgación de los logros alcanzados.

Observaciones finales:
1. La estrategia de comunicación puede ser la misma para todos los públicos meta, pero el mensaje debe ser distinto, no lo olvides.
2. El que utilices herramientas que otras organizaciones utilizan, no significa que no puedas innovar y ser creativo… Suelta tu imaginación y sorprende a tu público con algo que no hayan visto hasta el momento.
3. ¿No tienes fondos para comunicación?, este es el más común de los problemas de las ONGS en el sur, pero no te preocupes, en internet hay muchísimas herramientas gratuitas que puedes utilizar.

Capítulo 9: Canales de Comunicación:

Antes de empezar debemos definir lo que es un canal de comunicación, y Wikipedia lo define como medio de transmisión por el que viajan las señales portadoras de información entre emisor y receptor (entre tu público meta y tú).

Básicamente hay dos tipos de canales de comunicación:

1. Canales personalizados (Específicos, de "persona a persona")
   Son aquellos en dónde te comunicas con personas que ya conoces, o que tienes sus datos (teléfono, email, dirección) y te comunicas con ellos directamente, ya sea mediante email, teléfono, o en persona
2. Canales masivos "mass media" (no se conoce personalmente a los destinatarios, o queremos llegar a un público más amplio).
   Te comunicas con una gran cantidad de gente al mismo tiempo, estos canales masivos pueden incluir: Radio, televisión, medios escritos, etc.

En el caso de las redes sociales y la página web pueden ser ambos, en dependencia del uso que les des.

La utilización de esos canales depende sobre todo del presupuesto con el que cuentes y de los objetivos que quieres alcanzar, así que la pregunta principal sería…

¿Qué canales vas a utilizar?

Capítulo 10: medios de Comunicación.

¿Cómo elegir el medio de comunicación indicado para mi institución?

Para elegir los medios ideales para comunicarnos debemos valorar cada uno de ellos, los costes y los beneficios que obtendremos de ellos, no sólo porque sean gratis, significa que debamos utilizarlos todos.

La situación Geográfica de nuestro público meta:

No es lo mismo, por ejemplo, el acceso a internet entre jóvenes del campo y jóvenes de la ciudad. Lo más probable es que en el caso de campesinos, el mejor medio de comunicación sea la radio.

El Público meta:

¿Nuestro público meta usa frecuentemente el medio en el que divulgaremos nuestro mensaje?, de nada sirve que gastemos mucho dinero pagando publicidad en Facebook, si nuestro público meta no tiene acceso al internet… en ese caso podríamos comunicarnos vía SMS.

El mensaje que vamos a divulgar.

Por ejemplo: Facebook y Linkedin, Facebook es una red social para interactuar con amigos, por lo que publicar chistes o vídeos de perritos y gatitos no está mal visto (aunque, por favor, no en tu página institucional), sin embargo, Linkedin es, sobre todo, una red social para profesionales, cuyo fin último es hacer contactos laborales, así que las fotos de gatitos no están bien vistas... Así, si quieres, por ejemplo, ponerte en contacto con otras contrapartes, divulgar los resultados de una investigación, divulgar una licitación, lo recomendable es Linkedin, pero si lo que necesitas es atraer voluntarios, recaudación de fondos, dar a conocer las actividades de tu proyecto a un público más grande, tu red social indicada es Facebook.

El tiempo que le podamos dedicar a ello.

El estándar de publicaciones en las redes sociales más importantes es:

- Twitter: 5- 10 publicaciones al día.
- Facebook: 3 a 5 publicaciones al día.
- Instagram: 2 a 4 publicaciones al día.
- Linkedin: 2 publicaciones al día.

Si no realizas las publicaciones mínimas requeridas en cada red social, tus seguidores perderán interés y no lograrás alcanzar los resultados planteados... Así que lo repito una vez más... "No tengas más redes sociales de las que puedes manejar".

La característica propia del medio

No es lo mismo la radio, que la televisión, que las revistas o que una red social, debes analizar a profundidad las características de cada medio, y tus objetivos, para poder aprovechar al máximo tus recursos.

Y, por último, pero no menos importante,

el presupuesto con el que contemos.

Al final, va a ser la combinación de estos elementos los que determinarán los medios que utilizaremos, para lo cual tenemos los siguientes Tipos de medios a nuestra disposición:)

Medios impresos:
Aquí se incluyen: revistas, periódicos, libros, manuales, folletos, agendas, etc.

Medios audiovisuales:
Televisión y radio, sobre todo.

Medios digitales:
Todo lo contenido en Internet.

Por último, no olvides…

- Que debes elegir los medios que utilizarás tanto en la comunicación externa, como en la comunicación interna de tu institución.
- Que las herramientas a utilizar deben ir en concordancia con los canales y medios seleccionados.

- Para las plataformas sociales: Rellena el siguiente cuadro con la información de tus redes sociales.

Red Social	¿Página o Pérfil?	Nombre de Usuario	Admón.	Datos de ingreso:
Página Web	(aquí debes poner la dirección web de tu institución)			
Facebook				
Twitter				
Linkedin				
Instagram				
Youtube				
Pinterest				
Whatsapp / Slack	(Nombre del grupo)	¿Quiénes pertenecen al grupo?		

Capítulo 11: ¿Cómo definir las herramientas que vamos a utilizar para la comunicación?

Cuando hablamos de las herramientas de comunicación que utilizaremos, debemos tomar en cuenta:

- Los objetivos que queremos alcanzar con nuestro plan de comunicación.

- El tipo de comunicación que queremos entablar (tanto interna como externa).
- Los recursos disponibles para realizar el plan de comunicación institucional.

En el anexo 1 de este documento podrás encontrar un listado de 30 herramientas que puedes utilizar para mejorar la comunicación de tu institución, puedes usarlas como inspiración y agregarle o quitarle según consideres conveniente.

Dentro de tu plan de comunicación debes diferenciar la estrategia de comunicación interna (Que es la que se lleva a cabo entre los miembros de tu organización) y la comunicación externa (que incluye a nuestro público meta y demás entidades externas).

Ahora sí, una vez que tomes en cuenta los tres puntos anteriores, debes definir las herramientas que utilizaras para comunicarte. Como ya habíamos visto, las herramientas que decidas usar dependerán en gran medida de a quién van dirigidas y el tono de voz que vayamos a utilizar…

Para ayudarte a definir las herramientas a utilizar llena el siguiente cuadro, te voy a poner un ejemplo, y en base a ese ejemplo, continúa llenando el cuadro con los otros perfiles de tu público meta.

Público	Mensaje	Herramienta
Contrapartes	Usualmente comparten tus mismos valores y objetivos, por lo que el mensaje a transmitir debería ser que somos una organización confiable, honesta, profesional, comprometidos con nuestra visión y que trabajamos bien en equipo…	Por poner un ejemplo: Artículos en el blog. Boletines. Compartir sus publicaciones en nuestras redes sociales, etc.

Público	Mensaje	Herramienta
Contrapartes		
Donantes		
Beneficiarios		
Medios de Comunicación		
Voluntarios		
Trabajadores		

Una vez completado el cuadro, estaremos listos para definir nuestras estrategias de Comunicación.

Capítulo 12: Acciones que se van a realizar:

En el Anexo 2 de este documento encontrarás un listado de 50 acciones de comunicación que puedes emplear en tu plan comunicacional… y al igual que con las herramientas, tienes la libertad de elegir la que más te convenga, o de agregar otras que no hayamos incluido.

Recuerda que cada acción debe estar dirigida a alcanzar los diversos objetivos establecidos al inicio de este documento.

Para tu conveniencia hemos dividido la lista en 4 categorías:

1. Organización Interna.
2. Preparación.
3. Divulgación.
4. Monitoreo y Evaluación

No olvides, que, por cada acción a realizar, deberías definir:

- Donde lo publicarás.
- El tipo de contenidos que vas a publicar.
    - Contenidos escritos: ¿qué temas vas a abordar?
    - Contenidos audiovisuales: ¿de qué tipo?
    - Normativa para fotografías y vídeos.

- Utilización de logotipos.
- ¿Quiénes van a contribuir con el contenido a publicar?, y qué información necesitan aportar.
- Hashtags, si los hubiera.
- Tono de la comunicación.
- Periodicidad.
- Horario de Publicación.
- Idiomas.
- Posicionamiento SEO.
- El público objetivo para cada canal.

Capítulo 13: Evaluación de Resultados:

Para evaluar los logros alcanzados con nuestro plan de comunicación utilizaremos una variante de la matriz de Marco Lógico, para ello llenaremos el siguiente cuadro:

	Resultados Esperados	Impacto	Indicadores	Fuentes de Verificación	Supuestos
O.G.[2]					
O.E.1[3]					
O.E.2					
O.E.3					

---

[2] O.G. – Objetivo General.
[3] O.E. – Objetivo Específico.

Objetivos:

	Resultados Esperados	Impacto	Indicadores	Fuentes de Verificación	Supuestos
O.G.[4]	(Coloque aquí el objetivo General de tu plan de comunicación)				
O.E.1[5]					
O.E.2					
O.E.3					

Resultados esperados (La parte cuantitativa):

Una vez completada la primera columna de nuestro cuadro, procedemos a escribir los resultados que esperábamos alcanzar con nuestro plan de comunicación… para ello recuerda que:

- Al redactarlos debemos expresarlos como un logro ya terminado, definiendo la cantidad, calidad y tiempo…
    - No decir, por ejemplo: Contrapartes conocen acerca de nuestra institución, sino que lo puedes cambiar por: En un año, 25 contrapartes locales conocen de manera general los proyectos de nuestra institución.

---

[4] O.G. – Objetivo General.
[5] O.E. – Objetivo Específico.

- Para cada objetivo específico debes definir resultados concretos que esperas (y que te ayudarán a alcanzar el objetivo general), no pasando más de 3 resultados por cada objetivo. No olvides definir el plazo en el que se alcanzará ese resultado.

	Resultados Esperados	Impacto	Indicadores	Fuentes de Verificación	Supuestos
O.G.	(Coloque aquí el objetivo General de tu plan de comunicación)				
O.E.1	R.E.1.1[6] R.E.1.2 R.E.1.3				

Impacto Alcanzado:

Mientras que en el punto anterior pusimos los resultados cuantitativos que esperábamos alcanzar, en esta columna, pondremos los resultados cualitativos de nuestra política (Toma en cuenta de que los impactos sólo se pueden medir a largo plazo), dicho de otra manera, mediremos si nuestros objetivos tuvieron un efecto duradero en nuestra organización y en el público meta. Para ello analizaremos:

---

[6] R.E. – Resultado Esperado.

1. La Causalidad, o sea, qué cambios se dieron gracias a nuestro plan de comunicación, por ejemplo, una mayor recaudación de fondos debido a la mayor divulgación de nuestro trabajo, o la inscripción de un mayor número de voluntarios en nuestros programas. El impacto no necesariamente se encuentra registrado en el marco lógico, si el objetivo general se sitúa a corto plazo.
2. La variedad de impactos que puede tener nuestro plan: a nivel económico (mayor recaudación de fondos), Educativo (Mayor capacitación para el equipo técnico), etc.…
   Toma en cuenta que estos impactos pueden ser previstos o imprevistos.
3. El impacto a distintos niveles (Organización, Público Meta, Sociedad, etc.)

Para definir el impacto de nuestro plan de comunicación, contrastaremos la situación inicial (descrita en el diagnóstico) con la situación al final de un período, con ello buscamos hacer visibles los cambios que se pueden atribuir al plan de comunicación.

	Resultados Esperados	Impacto	Indicadores	Fuentes de Verificación	Supuestos
O.G.	(Coloque aquí el objetivo General de tu plan de comunicación)				
O.E. 1	**R.E.1. 1** **R.E.1. 2** **R.E.1. 3**	**Impactos Previstos en el Plan de Comunicación**			

Indicadores:

Los indicadores son aquellos que nos permitirán medir el grado de consecución de nuestros resultados e impactos. En líneas generales, según Aldo Altamirano existen tres tipos de indicadores que podemos utilizar en la Comunicación Institucional…. Estos son:

a. Indicadores de comportamiento.
b. Indicadores tácticos (medir acciones concretas).
c. Indicadores operativos (Medir la calidad de los resultados alcanzados).

Al redactar los indicadores no olvides tomar en cuenta estas tres categorías, para que así nuestra evaluación sea lo más completa posible.

	Resultados Esperados	Impacto	Indicadores	Fuentes de Verificación	Supuestos
O.G.	(Coloque aquí el objetivo General de tu plan de comunicación)				
O.E. 1	R.E.1.1 R.E.1.2 R.E.1.3	Impactos Previstos en el Plan de Comunicación	Nos permiten medir los objetivos alcanzados		

Fuentes de Verificación:

Van intrínsecamente ligados al punto anterior, ya que ahora tomamos los indicadores y definimos cómo vamos a demostrar que esos indicadores se han cumplido, si, por ejemplo, es un indicador táctico que mide la cantidad de publicaciones realizadas en nuestras redes sociales, entonces las fuentes de verificación serían, por ejemplo: El calendario editorial, y las publicaciones en sí mismas.

Las fuentes de verificación te van a servir para saber qué documentos necesitas ir recopilando para la evaluación de tu plan de comunicación.

	Resultados Esperados	Impacto	Indicadores	Fuentes de Verificación	Supuestos
O.G.	(Coloque aquí el objetivo General de tu plan de comunicación)				
O.E. 1	**R.E.1. 1** **R.E.1. 2** **R.E.1. 3**	Impactos Previstos en el Plan de Comunicación	Nos permiten medir los objetivos alcanzados	¿Cómo obtenemos los datos a medir?	

Supuestos:

Los supuestos son todas aquellas cosas que te ayudarán a cumplir con los objetivos planteados o que, por el contrario, evitarán que sucedan, por ejemplo: Entre los Resultados alcanzados está que tu equipo de trabajo será capacitado en comunicación interna, el supuesto sería que los coordinadores de proyectos autorizan a estos trabajadores para participar en dichas capacitaciones.

	Resultados Esperados	Impacto	Indicadores	Fuentes de Verificación	Supuestos
O.G.	(Coloque aquí el objetivo General de tu plan de comunicación)				
O.E. 1	R.E.1.1 R.E.1.2 R.E.1.3	Impactos Previstos en el Plan de Comunicación	Nos permiten medir los objetivos alcanzados	¿Cómo obtenemos los datos a medir?	¿Qué factores podrían afectar el logro de los objetivos?

A este punto ya has terminado tu estrategia de evaluación para el plan de comunicación.

Capítulo 14: Calendario de Actividades:

En este punto será cuestión de rellenar el cuadro de abajo, definir las fechas de ejecución, los recursos que necesitaremos, designar un responsable y de ser necesario, anotar otra información en el acápite (como el lugar en donde se realizará cada actividad).

Objetivo / Resultado Esperado	Actividad (acciones)	Año xxxx				Recursos	Observaciones/ Responsable
		T1	T2	T3	T4		

Código de Color

Ejecutado   *No Ejecutado*   *Pendiente*   *En Proceso*

Objetivo / Resultado Esperado:

Lo primero que haremos es rellenar la primera columna, colocando los objetivos específicos y los resultados esperados, si necesitas más filas, sólo debes agregarlas al final

Objetivo / Resultado Esperado	Actividad (acciones)	Año xxxx				Recursos	Observaciones/ Responsable
		T1	T2	T3	T4		
Objetivo General 1							
Resultado Esperado 1.1							

Código de Color

Ejecutado   *No Ejecutado*   *Pendiente*   *En Proceso*

Actividad (Acciones)

En el capítulo sobre las acciones que vas a realizar elegiste las acciones de tu plan de comunicación, y las colocarás junto al resultado que espera alcanzar, Al colocarlas en el cuadro, procura colocarlas en el orden lógico (por ejemplo, primero es abrir páginas para tu institución en las distintas redes sociales, y luego divulgar tu quehacer a través de las páginas de tu organización en las diversas redes sociales).

Objetivo / Resultado Esperado	Actividad (acciones)	Año xxxx				Recursos	Observaciones/ Responsable
		T1	T2	T3	T4		
Objetivo General 1							
Resultado Esperado 1.1	Actividad 1						
	Actividad 2						
	Actividad 3						

Código de Color

Ejecutado   *No Ejecutado*   *Pendiente*   *En Proceso*

Período de Ejecución:

En la tercera columna (Trimestre 1 (T1), Trimestre 2 (T2), etc.,) colocaras dos datos:

1. La fecha en que se realizará la actividad (coloca la fecha correspondiente debajo de cada trimestre), Si lo deseas, puedes agregarle columnas a la tabla para tener una columna por cada mes, o una columna por cada semana (esto sólo es recomendable si tu calendario es por un período corto de no más de 6 meses)

2. Utilizando el código de color en el que indicarás el estado en el que se encuentra la actividad,

puedes cambiar los colores según tu gusto, pero debes poder ver a primera vista si:

a. La actividad ya se ejecutó.

b. No se ha ejecutado o se canceló (según la fecha planificada)

c. Está pendiente de ejecutarse por motivos fuera de nuestro control.

d. Está en proceso.
   Los cuadros en blanco significan que no hay actividades programadas para ese trimestre.

Objetivo / Resultado Esperado	Actividad (acciones)	Año xxxx				Recursos	Observaciones/ Responsable
		T1	T2	T3	T4		
Objetivo General 1							
Resultado Esperado 1.1	Actividad 1	F[7]					
	Actividad 2		F				
	Actividad 3			F			
	Actividad 4				F		

---

[7] F - Fecha

Código de Color

Ejecutado | *No Ejecutado* | *Pendiente* | *En Proceso*

Recursos:

Ya que tenemos el listado de actividades con su fecha, es hora de que hagamos un listado por actividad de las cosas que vamos a necesitar para llevar a cabo esta actividad, Si tu presupuesto es ajustado cíñete sólo a lo imprescindible, si tienes más recursos puedes dar rienda suelta a tu imaginación. siempre y cuando no te excedas en la obtención de artículos de los que fácilmente puedes prescindir.

Acá escribes los recursos materiales, necesidades de local, de equipo, de personal, etc.

Observaciones / Responsable:

Debes elegir un responsable general que se encargue de velar por el correcto cumplimiento de este plan, y si puede ser, un equipo de apoyo (aunque no esté avocado 100% del tiempo a esto) será mucho mejor. Pon con nombre y apellido a la persona responsable de llevar a cabo esa actividad específica del plan.

También puedes poner otras observaciones, como si esa actividad se desarrollará entre varios proyectos, si es una acción conjunta con otras contrapartes.

Objetivo / Resultado Esperado	Actividad (acciones)	Año xxxx				Recursos	Observaciones/ Responsable
		T1	T2	T3	T4		
Objetivo General 1							
Resultado Esperado 1.1	Actividad 1	F					Lo que necesitas Nombre y Apellido del responsable.
	Actividad 2		F				
	Actividad 3			F			
	Actividad 4				F		

Código de Color

Ejecutado □   *No Ejecutado* ▨   *Pendiente* □   *En Proceso* ▨

Capítulo 15: Presupuesto:

Hemos llegado al último capítulo, del libro, pero no por ello el menos importante, el Presupuesto. Muchas de las herramientas que podemos utilizar hoy en día son gratis, pero eso no significa que todas lo sean... En base a nuestros objetivos debemos ponerle un monto a cada actividad, si el presupuesto es limitado, entonces tendremos que priorizar las actividades más importantes.

Algunos puntos básicos que deberíamos incluir en nuestro presupuesto son:

Rubro Personal:
1. Persona Responsable del área de comunicación, que sea quien se encargue de cumplir con las actividades planteadas en el plan.
2. Persona encargada elaborar la página web (puede ser la misma del acápite anterior, siempre y cuando reciba la capacitación necesaria).

Rubro Equipamiento:
3. Cámara Fotográfica / de Vídeo.
4. Micrófono portátil.
5. Una buena computadora para programas de diseño.

6. Disco duro para respaldar la información
7. Impresora
8. Data Show.
9. Pizarra Acrílica (con sus marcadores).

Rubro Servicios:

10. Para la página web: Hosting + dominio + plantilla
11. Email con dominio propio.
12. Espacio en la Nube
13. Conexión de internet.

Rubro Divulgación y Publicidad:

14. Material impreso para nuestra organización.
15. Banner y material para participar en ferias, talleres, seminarios y demás actividades de Networking.
16. Tarjetas de presentación.
17. Publicidad en las distintas redes sociales.
18. Elaboración de mantas, camisetas, gorras, etc.
19. Publicación de Investigaciones y estudios.

Rubro Varios:

20. Materiales de reposición.

En general, recuerda que:

- Si ya cuentan en tu organización con algunas de estas cosas no tienes que volverlas a adquirir.
- Puedes cambiar los rubros, y los conceptos según tus necesidades.

Toda esa información la puedes descargar en el siguiente cuadro:

Rubro	Concepto	U/M	Precio Unitario	Cantidad	Precio Total
Personal	Comunicador	1	X	12	X
	Elaboración Página Web	1	X	1	X
			Sub total Rubro Personal		xx
Equipamiento					
			Sub total Rubro Equipamiento		xx
			Total General: (suma del total de cada rubro)		

Capítulo 16: El Plan Operativo Anual – POA.

El POA no forma parte oficial del Plan de Comunicación, pero es una herramienta de suma utilidad, pues resume en una sola hoja todo el trabajo que hemos realizado para elaborar el Plan de Comunicación Institucional, razón por la cual es más fácil de manejar, y de llevar contigo en tu día a día.

Para elaborar nuestro Plan Operativo Anual, utilizaremos el siguiente formato:

Resultado	Actividad	Tarea	Trimestres				Lugar	Recursos / Responsable
			1	2	3	4		
Objetivo:								

El formato es bastante parecido al Calendario de Actividades, con la diferencia de que acá incluyes las tareas correspondientes a cada actividad, ahora sólo es cuestión de rellenar este cuadro con la información del calendario y dividir cada actividad en tareas.

Epílogo:

Al terminar de leer este manual, ya tienes las herramientas básicas para comunicarte con tu equipo de trabajo, tus donantes, tus contrapartes, y con los posibles beneficiarios, ahora depende de ti el utilizarlas en forma creativa y funcional. Pero antes que todo deben de estar convencidos, tú y la dirección de tu institución, de la importancia de la comunicación para la vida de todo organismo, sea este, de tipo benéfico, social o comercial, y no importa que sea gubernamental o no (de hecho, los entes gubernamentales son los que más se valen de la comunicación a todos los niveles para justificar su efectividad como instituciones). ¿Te das cuenta de cuánto gastan en comunicación las instituciones de gobierno? Pues si estas que tienen todo el presupuesto del estado para realizar sus actividades, necesitan de la comunicación, cuanto más lo necesitará una institución que necesita de aportes externos para sobrevivir.

Bueno ahora ya sabes qué hacer hazlo antes de que se pierda la oportunidad y no te olvides del cuento de la gallina:

"En el gallinero una gallina se dio cuenta de que todos los domingos a una de sus compañeras la hacían sopa, entonces, tratando de evitarse de correr la misma suerte, ideó esta estrategia: cada vez que ponía un huevo, cacareaba escandalosamente y así los dueños se daban cuenta de que estaba poniendo y cuando se llegaba la hora de preparar la sopa decían, esa no porque está poniendo".

De manera que nosotros también debemos cacarear para no terminar en la olla. Así que, ¡a cacarear que ya sabemos cómo hacerlo!

Éxitos

Luis Alberto Álvarez
Comunicador Social

Glosario:

Banner: o banderola, es un formato publicitario de Gran tamaño, también llamado Display, impreso en un tipo de tela especial y que incluye piezas publicitarias gráficas, su objetivo principal es atraer tráfico a la empresa.

Blog: Página web, generalmente de carácter personal, con una estructura cronológica que se actualiza regularmente y que se suele dedicar a tratar un tema concreto.

Boletín: Publicación distribuida de forma regular, centrada en un tema principal.

Contenidos Audiovisuales: formato de difusión de contenidos que se vale de imágenes ópticas acompañadas por grabaciones acústicas. Un material audiovisual es visto y oído por el espectador.

Diagnóstico: alude, en general, al análisis que se realiza para determinar cualquier situación y cuáles son las tendencias. Esta determinación se realiza sobre la base de datos y hechos recogidos y ordenados sistemáticamente, que permiten juzgar mejor qué es lo que está pasando.

Eslogan: Frase breve, expresiva y fácil de recordar, que se utiliza en publicidad comercial, propaganda política, etc.

Estrategia de Comunicación: Herramienta de planificación que sistematiza de manera global, integral y coherente los objetivos generales, las tácticas, los mensajes, las acciones, los indicadores, los instrumentos y los plazos que la organización va a poner en juego para trasladar su imagen y su mensaje al exterior en un periodo determinado.

Hashtags: es una palabra del inglés podemos traducir como 'etiqueta'. Se refiere a la palabra o la serie de palabras o caracteres alfanuméricos precedidos por el símbolo de la almohadilla, también llamado numeral o gato (#), usado en determinadas plataformas web de internet

Información Demográfica: Información referente al tamaño, y a las características de una población o público meta, tales como el género, edad, nivel económico, preferencias personales, etc.

Material de reposición: es aquel material que por su naturaleza se debe reponer al inventario con mayor frecuencia, como lápices, papel, grapas, clips, etc.

Matriz de Marco Lógico: es una herramienta para facilitar el proceso de conceptualización, diseño, ejecución y evaluación de proyectos. Su propósito es brindar estructura al proceso de planificación y comunicar información esencial relativa al proyecto

Misión; es el motivo o la razón de ser por parte de una organización, una empresa o una institución.

Objetivo General y Objetivos Específicos: Son los logros que queremos alcanzar en un período de tiempo definido.

ONGs: Organizaciones No Gubernamentales.

Organigrama: Representación gráfica de la estructura de una empresa o una institución, en la cual se muestran las relaciones entre sus diferentes partes y la función de cada una de ellas, así como de las personas que trabajan en las mismas.

Plan Operativo Anual: documento formal en el que se enumeran, por parte de los responsables los objetivos a conseguir durante el año.

Posicionamiento SEO: SEO es una sigla que procede de la expresión inglesa Search Engine Optimización. Se trata de la técnica que consiste en optimizar un sitio web para que alcance el mejor posicionamiento posible en los buscadores de Internet

Poster: Cartel grande, generalmente con una imagen o fotografía, que cuelga en una pared como elemento decorativo, se diferencia del banner en el material del que está hecho.

Red Social: Página web en la que los internautas intercambian información personal y contenidos multimedia de modo que crean una comunidad de amigos virtual e interactiva.

Resultados Cualitativos: datos que se expresan en forma de palabras o textos que ayudan a comprender ciertas acciones y actitudes de los participantes que no son cuantificables, por lo que su uso es muy importante para fundamentar cualquier investigación seria.

Resultados Cuantitativos: son datos que se puede medir y verificar, que nos dan información acerca de las cantidades; es decir, información que puede ser medida y escrito con números

Retroalimentación: o respuesta, Toda comunicación para ser tal debe producir un efecto de respuesta.

Rubro: Conjunto de artículos de consumo de un mismo tipo o relacionados con determinada actividad.

Sitio Web: es un espacio virtual en Internet. Se trata de un conjunto de páginas web que son accesibles desde un mismo dominio o subdominio de la World Wide Web (WWW).

SMS: El servicio de mensajes cortos, más conocido como SMS (por las siglas del inglés Short Message Service), es un servicio disponible en los teléfonos móviles que permite el envío de mensajes cortos, conocidos como mensajes de texto, entre teléfonos móviles.

Visión: imagen que la organización plantea a largo plazo sobre cómo espera que sea su futuro, una expectativa ideal de lo que espera que ocurra.

Bibliografía:

- Paul Wilcocks / Jody Paterson. Todo comienza con la comunicación. CUSO Internacional. Nicaragua. Febrero 2016.
- Comunicación. (2018, 1 de noviembre). Wikipedia, La enciclopedia libre. Fecha de consulta: 18:37, noviembre 4, 2018 desde https://es.wikipedia.org/w/index.php?title=Comunicaci%C3%B3n&oldid=111702122.
- Plataforma de Voluntariado de España. Elaboración de un plan de Comunicación. Fundación La CAIXA. http://www.solucionesong.org/img/foros/4c8ddf9bb43a2/Elaboracion_plan_de_comunicacion_PPVE.pdf
- Diagnóstico. (2018, 18 de septiembre). Wikipedia, La enciclopedia libre. Fecha de consulta: 23:46, noviembre 4, 2018 desde https://es.wikipedia.org/w/index.php?title=Diagn%C3%B3stico&oldid=110697549.
- Equipo de Redacción de Concepto. De, 2018,02. Concepto de Misión y Visión. Editorial Concepto. De (Enciclopedia online). Argentina. https://concepto.de/mision-y-vision/#ixzz5Vua5vyh8.
- Carlos Astete. 2017. ¿Qué son los valores Institucionales? Radio esfera. Chile. http://radiosfera.cl/que-son-los-valores-institucionales/

- Equipo de Redacción de 40deFiebre, ¿Qué son las Buyer person? https://www.40defiebre.com/que-es/buyer-persona/
- Tatiana Ceballos. ¿Cómo crear tu Buyer person? AMD Marketing Digital. www.academiamarketingdigital.nz
- Gabriela Campos. ¿Cómo definir el tono comunicacional de tu marca? 2016. Blog from Doppler. https://blog.fromdoppler.com/tono-comunicacional-canales-digitales/
- Daniela Giampietri. La forma más efectiva de transmitir el mensaje correcto para atraer clientes potenciales. https://danielagiampietri.com/mensaje-correcto-para-atraer-clientes-potenciales/
- Equipo de Redacción bolunta. Manual de Comunicación. Blog Bolunta. http://www.bolunta.org/manual-comunicacion/comunicacion-4-1.asp
- Luz Pérez Báez. Guía para hacer un buen plan de Contenidos que conquiste a tu cliente ideal. 2016. Making love marks. http://www.makinglovemarks.es/blog/guia-para-hacer-un-buen-plan-de-contenidos/
- Canal de comunicación. (2018, 7 de octubre). Wikipedia, La enciclopedia libre. Fecha de consulta: 00:48, noviembre 5, 2018 desde https://es.wikipedia.org/w/index.php?title=Can

al_de_comunicaci%C3%B3n&oldid=11111503 4.
- CRM. ¿Cuáles son los canales de comunicación más efectivos? 2017. Instasent. https://www.instasent.com/blog/cuales-son-los-canales-de-comunicacion-mas-efectivos
- Equipo de Redacción de Verdes Digitales. 10 acciones de Comunicación y marketing para el 2017. https://verdesdigitales.com/2017/01/19/acciones-marketing-2017/
- Gonzalo Fernández. ¿Cómo saber si tu plan de comunicación está funcionando? 2016. Prnoticias.com. https://prnoticias.com/comunicacion/tendencias-de-comunicacion/20150707-medicion-plan-de-comunicacion
- Carlos Oviedo Valenzuela. ¿Qué indicadores usar en Comunicación? 2017. Perú. Gerens. https://gerens.pe/blog/indicadores-de-comunicacion/
- Ingrid Johana Otalvaro Arroyave. Un modelo de indicadores de gestión de comunicación organizacional para la Universidad de Antioquía: Un aporte a la Gestión estratégica de la comunicación en instituciones universitarias. Universidad EAFIT. Colombia 2016. https://repository.eafit.edu.co/bitstream/handle/10784/9564/IngridJohana_OtalvaroArroyave_2016.pdf?sequence=2

- Adrián Aguayo Llanos. ¿Cómo definir indicadores de evaluación en el Plan de Comunicación de tu ONG? Hablemos de Gestión. 2018. http://hablemosdegestion.org/2018/01/18/como-definir-indicadores-de-evaluacion-en-el-plan-de-comunicacion-de-tu-ong/
- Aldo Altamirano Ching. Implementando indicadores de comunicación interna. 2016. Linkedin. https://www.linkedin.com/pulse/implementando-indicadores-de-comunicaci%C3%B3n-interna-altamirano-ching/

ANEXOS

- Anexo 1: Listado de Herramientas de Comunicación.
- Anexo 2: Listado de Acciones de Comunicación.
    - Organización Interna.
    - Preparación.
    - Divulgación.
    - Monitoreo y Evaluación.
- Anexo 3: Formato de Plan Operativo Anual – POA.

Anexo 1: Listado de Herramientas de Comunicación.

Herramientas Offline:

1. Presentación Institucional:
   Es un documento donde presentas a tu organización, su historia, sus proyectos, público meta, valores, visión, misión, territorio de incidencia, retos y dificultades y por supuesto los logros alcanzados y los casos de éxito individual o colectivo que quieras que se conozcan.

2. Logotipo:
   Una vez que tengas tu logotipo, es importante que toda la documentación oficial se realice en papelería membretada con ese logotipo que la identifique.

3. Plantilla estándar para las presentaciones / documentos más importantes de tu organización. Créeme, te ahorrarás muchísimo tiempo y esfuerzo si ya cuentas con una

plantilla y no tienes que andar buscando una nueva cada vez que la necesitas.

4. Base de datos de contactos:
Ten en una base de datos los contactos más importantes de tu institución, como son: Donantes, contrapartes, autoridades, etc.… pues una vez que tengas tu boletín de noticias podrás más fácilmente enviárselos de manera directa.

5. Mensajes actualizados en el buzón de voz de tu teléfono:
En comunicación es importante aprovechar todas las oportunidades posibles para visibilizar a tu organización, y ya que configurar el buzón de voz de tu teléfono es posible, ¿Por qué no hacerlo?

6. Material de divulgación para hacer Networking:
El Networking consiste en creación de redes de trabajo (literalmente, y es un término muy utilizado en el mundo empresarial para referirse al hecho de construir una red de contactos que ayude a encontrar oportunidades… En base a eso, te recomiendo invertir en un

buen banner, y en algunos volantes (como mínimo), así, en cada reunión, taller, feria, seminario, y actividades por el estilo podrás posicionar la imagen de tu institución…

¿No te alcanza para un banner? te voy a contar esta experiencia, en el año 2013, me toco asistir a varios talleres y seminarios en un periodo relativamente corto, y aunque en la agenda del evento no estaba, siempre había un espacio para compartir información de la institución… como mi proyecto tenía fondos bastante limitados en este rubro, imprimí el logotipo de la institución donde trabajaba, unas tres o cuatro buenas fotografías, la información más importante de mi organización (todo en hojas tamaño carta) y las caminaba en un folder, así cuando tenía que representar a mi institución, lo único que necesitaba era masking tape… claro, no tenía la misma calidad que un banner profesional, pero al menos, mi institución era representada.

7. Cartas de agradecimiento e informes de progreso de cada proyecto:

Al menos una vez cada seis meses prepara una carta (no de tu parte, o de la institución, si no de los beneficiarios), donde ellos cuenten los éxitos que han tenido gracias al proyecto, inclúyele fotografías, algún dibujo realizado por los beneficiarios, etc. Y da las gracias por el apoyo recibido. A final del año deberías preparar un informe anual y enviarlo también a cada donante.

8. Reuniones laborales y Eventos Empresariales.
Recuerda que la comunicación no sólo es para afuera… Tus colaboradores también cuentan.

9. Circulares.
Toda papelería o documentación interna debe contar con el logotipo y slogan de tu organización (además de la dirección, teléfono, email, página web y colocar los íconos de las redes sociales en las que estas).

10. Tablón de anuncios:
No todos los empleados de una empresa están tan acostumbrados al mundo virtual, por lo que si hay información que deba conocer todo el personal, colócala en el tablón de

anuncios, y coloca este en una ubicación bastante visible (como, por ejemplo, cerca del reloj donde se marcan la entrada y salida).

11. Buzón de sugerencias:
La comunicación no debe ser vertical, según los nuevos paradigmas la comunicación horizontal es fundamental para el correcto funcionamiento de una organización, facilita esto colocando buzones de sugerencias, que pueden ser de manera general, o en casos concretos (como, por ejemplo, la calidad de ciertos servicios) … y no sólo lo tengas por tenerlo, toma en cuenta lo que la gente tiene que decir.

12. Círculos de calidad:
¿En qué consisten?, en que un grupo de personas especialistas en su campo (y que trabajen en tu organización) se reúnen a evaluar el trabajo que se realiza y las formas en que se podría mejorar, y brindan propuestas a la dirección.

13. Encuestas aleatorias tanto al personal, como a los beneficiarios.
No es necesario que sean largas, pero si te darán información confiable de lo

que en realidad siente la gente con relación a tu organización.

14. Boletín Informativo:
 No debe ser muy grande, basta con que hables de un proyecto, o des noticias importantes en el ramo en el que trabajas.

15. Revista Corporativa:
 Casi como un Boletín, pero con muchas más secciones, en ella puedes incluir eventos, noticias, artículos, etc.… tu imaginación es el límite… Eso sí, recuerda, al ser una revista corporativa debe seguir los lineamientos institucionales.

16. Memoria Institucional:
 Además del hecho de que, al presentarte a convocatorias de proyectos, las memorias institucionales son unos de los documentos que debes anexar, la memoria institucional te permite hacer un repaso de los logros obtenidos durante el año, además, si agregas datos contables, fortaleces la imagen de transparencia y buenos manejos de tu institución.

Herramientas Online:

17. Sitio Web:
    El básico y principal, es tu oficina virtual, donde la gente que quiera saber de tu organización va a buscar.
    a. Blog:
       En la actualidad el blog está integrado al sitio web, y lo debes actualizar a menudo. Te permite compartir artículos de opinión, resultados de investigaciones, etc.
    b. Google Sites / adobe spark:
       Hay proyectos específicos, o actividades específicas que necesitan una página web de referencia distinta a la de tu organización… no es necesario que compres un nuevo dominio, puedes aprovechar las ventajas de Google Sites / adobe spark, que te permiten crear micrositios para estos casos de manera gratuita.

18. Redes Sociales:
    Cada red social tiene un propósito, y en dependencia de tus objetivos así deberán ser las redes sociales en las

que estés presente. Recuerda tener SÓLO las redes que puedes mantener.

19. Email Institucional:
Se que antes era más fácil tener un email institucional (pues hubo un tiempo que las grandes empresas de email los ofrecían de cortesía, en cambio ahora hay que pagar al menos 5 dólares por cada usuario… pero, si tienes los fondos te recomiendo que aproveches esta herramienta, le dará seriedad a tu correspondencia. Si no puedes pagar un email con tu nombre de dominio, procura utilizar un correo serio (nada de chiquitasexy o cosas por el estilo).

20. Whatsapp / Slack
Crear grupos y compartir noticias nunca fue tan fácil, y más ahora con la popularidad de los smartphones… Si eres un principiante en esto de la tecnología el Whatsapp llenará tus necesidades, pero deberías pensar en utilizar Slack, que está pensado específicamente para la comunicación organizacional, brindándote herramientas que Whatsapp por su naturaleza no puede hacer (como encontrar los documentos que has

enviado y que te envían a dos clics de distancia).

21. Video Conferencias:
Hay muchas opciones en el internet que te permiten realizar video conferencias, aprovéchalas en tu beneficio.

22. G-Suite:
Soy declarada fan de Google, y con G-suite se asegura de dar a las organizaciones las herramientas necesarias para comunicarse eficientemente. Dentro de G-Suite puedes encontrar:
- G Mail
- Google Drive
- Google Sites
- Google Docs.
- Google Calendar
- Google Forms

Entre otras… ¿Las conoces todas?

23. Google Forms:
Si, ya lo mencioné en el punto anterior, pero creo sinceramente que Google Forms merece un punto aparte…
Imagínate que debes hacer un informe final o semestral, o inclusive la memoria de tu institución, y que toda la

información que te llega esta en formatos distintos, con criterios distintos, algunos dan más énfasis a la información cuantitativa y otros a la información cualitativa… ¿Qué hacer?... Fácil, crea un formulario en Google Forms donde incluyas toda la información que necesitas, tal y como la necesitas y la envías a todos los interesados, toda la información que te envíen se cargará en una base de datos que puedes descargar en tu computadora para su análisis, pero hay más… toda esa información también la puedes convertir en gráficos sin mayor esfuerzo.

24. Buffer / Hootsuite:

Te permite distribuir tu información a las distintas redes sociales con las que estés conectado… ¿no estás en tu computadora?, en realidad no importa, pues tienen aplicaciones que funcionan con IOS o con Android, así que puedes hacer las publicaciones desde donde estés, en cualquier horario, con el añadido que puedes acceder a estadísticas de tus publicaciones.

25. Mail Chimp:

Te permite enviar tus boletines a toda tu base de datos, pero además es una herramienta que te ayudará a recaudar fondos.

26. Global Giving:
    Es una plataforma dirigida a organizaciones sociales y que brinda servicios personalizados para la recaudación de fondos para proyectos sociales, con la ventaja de que permite que los donantes se contacten directamente con cada organización para ejecutar proyectos.

27. Contenidos audiovisuales que muestren el progreso de los proyectos.
    Todos estamos claros que muchas veces en los proyectos las actividades son cíclicas (sobre todo si son proyectos de más de un año)

    En mi caso, el proyecto para el que yo trabajaba era de apoyo a escuelas / huertos escolares, y todas las fotografías que se enviaban, en un principio, eran de cultivos o de niños, sin un orden lógico, lo que aprendí después es que debe haber una lógica, que muestre el proceso del proyecto, empezando por fotos de la escuela sin huertos escolares y finalizando (en diciembre) con los niños comiendo los productos del huerto… no importa si ese proceso se lleva a cabo más de una vez en el año (como es el caso de los cultivos), debe haber una lógica que muestre el progreso obtenido gracias al proyecto.

28. Recortes de Prensa:

En la actualidad eso no se hace literalmente así (no recortas un artículo y lo pegas en un álbum), pero si puedes recopilar los enlaces donde tu organización es mencionada y ponlos en un lugar visible en tu web, también es recomendable compartirlos en tus redes sociales… ¿Por qué?, porque dan credibilidad a tu trabajo.

29. Publicaciones:

¿Tienes sistematizaciones, investigaciones, experimentos, metodologías propias?, pues es hora de que los compartas con el mundo, si no tienes para publicarlas en físico, eso ya no es importante, puedes compartirlas vía electrónica, y de paso posicionarte como un especialista en tu rama.

a. Contenidos Escritos:
Es donde definirás el tipo de contenido escrito que compartirás en tus redes sociales / página web, y pueden incluir: Noticias de tus proyectos, menciones de tu organización en otros medios, próximos eventos, posts del blog, noticias de las contrapartes, efemérides, apariciones en los medios de comunicación, testimonios de voluntarios y beneficiarios, participación en eventos (talleres, conferencias, capacitaciones, etc.), pronunciamientos de solidaridad.

b. Contenidos Audiovisuales:
   Acá definirás:
   - Los formatos para publicar: Fotografías, vídeos, gifs, infografías, viñetas de radio, etc.
   - Las normativas que se deben respetar al hacer ese tipo de publicaciones son, por ejemplo:
     - Colocación del logotipo.

- Tamaño de las imágenes.
- Utilización o no de imágenes sensibles.

c. Idiomas: Estos estarán en dependencia de tu público meta (sobre todo donantes y/o voluntarios).
d. Posicionamiento SEO: Técnicas y estrategias para posicionarte en la Web y hacer que tu público meta te encuentre más fácilmente.
e. Uso de Hashtags: Usar un buen hashtag te permitirá posicionarte mejor, sensibilizar, incidir, y por qué no, hasta recaudar fondos, con ellos puedes fortalecer tu imagen y personalidad en las redes sociales

30. Asana:

Es una aplicación diseñada para mejorar la comunicación y colaboración en equipo, existen muchas aplicaciones parecidas en el mercado, pero me encanta Asana, porque su versión Free es bastante fácil de usar, te permite, además crear tableros para cada proyecto, invitar a colaboradores, programar un calendario de actividades y ver el avance alcanzado en cada actividad.

Anexo 2: Listado de Acciones de Comunicación.

Así que aquí vamos con las 50 acciones que puedes realizar para alcanzar los objetivos de tu plan de comunicación:

Organización Interna:

1. Conformar un equipo de comunicación (aunque no tengas fondos para esto, podrías invitar a los coordinadores de proyectos interesados en divulgar sus proyectos e invitarlos a participar).
2. Definir las prioridades de comunicación dentro de la institución.
3. Elaborar tu plan de comunicación.
4. Realiza consultas a distintos niveles de tu organización para revisar y validar el plan de comunicación.
5. Elaborar plan de capacitación para el personal de tu institución (para fortalecer la comunicación interna de tu institución).
6. Mantenerte actualizado en las tendencias de Marketing y Social Media.
7. Definir el organigrama para el área de comunicación.
8. Actualizar los perfiles de tu público meta.
9. Definir los canales de comunicación que se emplearán para comunicarse con cada

público meta, para lo cual la siguiente tabla te puede ayudar:

Tabla relacional de plataformas, público objetivo y función

PÚBLICO OBJETIVO	PLATAFORMA	FUNCIÓN

10. Trabajar con cada proyecto para determinar el público meta al que se hará llegar el mensaje.
11. Revisa que tus objetivos sean realmente SMART.
12. Examinar periódicamente el plan de comunicación para garantizar que se mantenga vigente.
13. Realizar reuniones con los responsables de programas y proyectos priorizados para determinar el tipo de publicación, el tema, calendario, etc.
14. Elaborar formularios estándar para la elaboración de memorias e informes.
15. Definir una persona de contacto con la que los medios de comunicación se puedan contactar.

Preparación:
16. Seleccionar los canales de comunicación que se utilizarán para distribuir los mensajes.
17. Determinar canales de comunicación alternativos.
18. Investigar a la competencia.
19. Elaborar tu página web, o si ya la tienes,
20. Rediseña tu página web / blog.
21. Definir una estrategia SEO para tu web.
22. Elegir las redes sociales en las que vas a estar presentes.
23. Crear páginas empresariales / organizacionales en las redes sociales en las que estarás presente (no perfiles)
24. Empezar a construir tu Base de datos de contactos a los que enviar los boletines institucionales.
25. Hacer contenido audiovisual propio.
26. Elaborar un formato de comunicados de prensa.
27. Elaborar un calendario editorial con el contenido que se publicará durante el mes.
28. Escribir artículos de calidad de cada uno de los proyectos de tu organización.
29. Optimiza tus potencialidades, lo que puede hacer que más gente apoye tus propuestas de valor.

Divulgación:
30. Establecer coordinaciones con contrapartes y asociados para compartir nuestro contenido en sus redes sociales.
31. Dentro de cada grupo meta, definir los grupos con los que se trabajará, por ejemplo:
    a. Beneficiarios directos: Jóvenes, cooperativas, artesanos, autoridades locales, promotores, paratécnicos, etc.
    b. Beneficiarios Indirectos: Lideres y organizaciones locales.
32. Buscar portavoces de confianza para maximizar la difusión de nuestras publicaciones.
33. Hacer publicidad en redes sociales.
34. Mejorar nuestro posicionamiento de forma orgánica en Google.
35. Crear material de divulgación para ser utilizado en ferias, foros, talleres, seminarios, etc.
36. Realizar campañas de recaudación de fondos.
37. Realizar campañas de email marketing para promocionar las actividades de tu institución.

38. Realizar el Boletín institucional (tú puedes definir la periodicidad).
39. Actualizar la lista de contactos de los medios de comunicación presentes en tu localidad.
40. Realizar conferencias de prensa para la inauguración y clausura de proyectos, así como para otras actividades importantes durante el desarrollo de estos.
41. Mantener informados de los avances a la población de las comunidades en las que trabajamos.
42. Mantener al equipo informado de lo que acontece en la institución.
43. Mantener actualizada la información de nuestros canales de comunicación.
44. Mantener buena comunicación con los medios de información y asegurarse de que reciban información frecuente y actualizada sobre nuestro quehacer.

Monitoreo y Evaluación

45. Evaluar los mecanismos de seguimiento al plan de comunicación.
46. Realizar Evaluación al plan de comunicación.
47. Actualiza las métricas a evaluar.

48. Monitorear la presencia online de la organización.
49. Haz una auditoría a tus redes sociales, donde puedas evaluar el Crecimiento que han tenido, los contenidos que más interacciones han conseguido, el tráfico de tus redes sociales hacia la web.
50. Monitorear la información sobre la organización que aparece en los distintos medios de comunicación.

Anexo 3: Plan Operativo Anual – POA.

Resultados	Actividades	Tareas	Trimestres				Lugar	Recursos / Responsable
			1	2	3	4		
Objetivo:								

La Autora.

Soy *Martha Alvarez,* y aunque soy trabajadora social de profesión, he descubierto mi pasión por la comunicación, por lo que he estudiado más a fondo sobre el tema.

Durante 14 años trabajé en una Organización No Gubernamental en mi natal Nicaragua, apoyando a jóvenes indígenas campesinos con sus emprendimientos.

Desde el año 2014 hasta el 2018 fui la responsable del área de comunicación de INPRHU – Somoto (ONG nicaragüense, lo que me llevo a conocer de primera mano las necesidades que tienen las ONGs del Sur en el área de comunicación.

He recibido las siguientes capacitaciones y talleres:

Comunicación y Marketing:

- Manejo de Redes Sociales – Erasmus + (2018).
- Comunicación Interna y Externa para ONGs – Erasmus + (2018)
- Captación de fondos y Comunicación estratégica para proyectos socioculturales – Centro Cultural de España en Nicaragua (2017)
- Curso Básico de Marketing Digital – Interactive Advertising Bureau / Google (2017)

- Fotografía Digital para Emprendedores – DIU Digital (2017)
- WordPress Avanzado – Festival de Blogs de Nicaragua (2016)
- Comunicación Institucional – CUSO International (2016)
- Comunicación Institucional – Embajada de Canadá en Nicaragua (2016)
- Elaboración de Páginas Web con Dreamweaver – UNI PAUS (2016)
- Diseño Gráfico I – Adobe Photoshop CS6 – UNI PAUS (2014)
- Curso Online de Fotografía – C79 (2013)
- Piezas Radiofónicas para Niños – Deutsche Welle Akademie (2007)
- Fotografía Digital – Coordinadora Civil (2006)

Formulación de Proyectos y Metodologías de Capacitación:

- Metodología de Investigación Acción Participativa – INPRHU Somoto (2009)
- Gerencia y Liderazgo – Red NICASALUD (2009)
- Seguimiento a Proyectos de Desarrollo. Evaluación por Resultados. CWY (2009)
- E-Learning como Estrategia de Aprendizaje – PROMIPAC / Zamorano (2009)
- Gerencia de Proyectos Sociales – UCA (2008)
- Formulación de Proyectos aplicando el Marco Lógico – SwissContact Services (2007)
- Gestión Educativa Municipal – Save the Children Noruega (2007)
- Metodología para la Formulación de Términos de Referencia y Ofertas técnico – Económicas – UPOLI (2006)

- Uso de Tecnología Informática para la formulación, evaluación y monitoreo de Proyectos de Desarrollo Social – Coordinadora Civil (2006)
- Desafíos de la Educación Popular ante las nuevas tecnologías de la Comunicación – CEAL (2005)
- Marco Lógico para la Formulación de Proyectos – INPRHU Somoto (1999)

Varios:

- Finanzas personales y Emprendedurismo – IBIS, Dinamarca (2016)
- Seguridad Informática – IBIS, Dinamarca (2016)
- Seguridad Informática – Festival de Blogs de Nicaragua (2016)
- Grupos de Autoahorro y Crédito – CRS Nicaragua (2016)
- Análisis Estadístico con SPSS – UNI PAUS (2014)
- Microsoft Project 2013 – UNI PAUS (2014)
- Capacitación y Creación de Redes: "Fortalecimiento de Capacidades de Asociaciones de Jóvenes en Latino américa para la Organización de Campos de Trabajo Voluntario Internacionales" – CCIVS / BVBP (2013)

Puedes visitarme en mi página web:
https://cronicasdeunapatadeperro.com/

www.ingramcontent.com/pod-product-compliance
Lightning Source LLC
Chambersburg PA
CBHW071037240526
45469CB00006BD/2244